우주는 교과서 속 먼 이야기가 아니라,
웃고 떠들며 놀 수 있는 놀이터여야 합니다.
멋진 캐릭터로 언제나 멋진 이야기를 들려주는
『웃기는 우주과학 코스모스웹』은
개성 넘치는 태양계 캐릭터와 유쾌한 만화,
그리고 알차면서도 부담 없는 과학 설명을 한 권 안에 가득 담아,
'그냥 재밌어서' 우주에 빠져들게 만듭니다.

이 책을 따라가다 보면 어느새
태양과 행성, 달과 별들이 친구가 되고,
과학은 시험을 위한 지식이 아니라
세상을 궁금하게 만드는 힘이라는 사실을
자연스럽게 깨닫게 될 것입니다.

우주를 좋아하는 모든 어린이에게,
그리고 우주를 다시 사랑해 보고 싶은
어른에게도 기쁘게 이 책을 권합니다.

- <안될과학> 과학커뮤니케이터 항성 / 천체물리학 박사 -

차례

개성 만점 태양계 천체
지구 ······ 6
달 ······ 8
태양 ······ 10
수성 ······ 12
금성 ······ 14
화성 ······ 16
목성 ······ 18
토성 ······ 20
천왕성 ······ 22
해왕성 ······ 24

SCIENCE 01 지구의 자전 ······ 27
SCIENCE 02 암석형·가스형 행성 ······ 31
SCIENCE 03 행성들의 자전축 ······ 35
SCIENCE 04 차등 회전 ······ 41

COSMO Story I ······ 46~49
지구는 지금도 자전 중
거대한 우주 공간, 태양계
움직이는 행성들
토성은 지금도 변신 중

SCIENCE 05 화성 이주 계획 ······ 51
SCIENCE 06 골디락스존 ······ 57

COSMO Story II ······ 64~67
생명체가 살 수 있는 곳
제2의 지구, 화성?
화성에서 살기?
도전은 계속된다

SCIENCE 07 정열의 용사 금성 ······ 69
SCIENCE 08 태양의 흑점 폭발 ······ 73
SCIENCE 09 태양계의 크기 ······ 81
SCIENCE 10 달의 뒷면 ······ 87
SCIENCE 11 달의 기원 ······ 93

COSMO Story III ······ 102~105
태양계 틀린 그림 찾기
지구의 방패?
지구 탄생의 비밀?
한쪽 면만 보여 주는 달

지구

나 지금 슬픈데… 행복해! 아니 배고픈가? 우엥!

태양계의 트러블 메이커. 늘 새롭고 즐거운 것을 찾아다니며
사고를 몰고 다니는 천연덕스러운 말썽꾼.
지구는 언제나 해맑고, 언제나 복잡하며, 언제나 사랑스럽다.

EARTH

지구에 대해 말하자면

태양을 도는 행성들 가운데 세 번째에 자리하고 있습니다. 겉모습은 둥글지만 위와 아래가 조금 납작하고, 표면의 대부분은 푸른 바다로 덮여 있지요.
지구가 특별한 점은 바로 생명이 살 수 있다는 것이에요. 스스로 하루에 한 바퀴씩 돌며 자전하는 덕에 낮과 밤이 생기고, 기울어진 채 1년에 한 바퀴 태양을 도는 공전 덕분에 봄, 여름, 가을, 겨울의 계절을 만날 수 있어요.
숨 쉴 수 있는 공기와 풍부한 물, 다양한 기후와 환경 덕분에 사람과 동식물 모두가 함께 살아가고 있답니다.

나이 45~46억 살
표면 바다 약 71%, 육지 약 29%

달

말하지 않아도 지구는 내 마음을 알 거야!

어느 곳에서든 지구만 뚫어져라 바라보는 집착형. 언제나 말이 없지만, 눈빛에 많은 의미를 담는다. 지구에게 보여 주는 건 오직 앞모습뿐, 뒷모습은 절대 보여 주지 않는다.

MOON

달에 대해 말하자면

지구 주위를 도는 위성으로 밤하늘에서 가장 밝게 빛나는 천체입니다. 겉모습은 둥글고 회색빛을 띠며, 곳곳에 커다란 충돌구와 산맥, 평원이 보이지요. 달에는 공기와 물이 거의 없어서 생명이 살기 어려워요.

달이 특별한 점은 바로 스스로 빛을 내지 않지만 태양 빛을 반사해 빛난다는 것이에요. 그래서 달은 밤마다 모양이 조금씩 달라지며 초승달 → 상현달 → 보름달 → 하현달 → 그믐달로 변해요. 이렇게 변화하는 달의 모양을 보고 사람들은 달력을 만들기도 하고, 소원을 빌기도 했답니다.

나이 44~45억 살

표면 작은 돌멩이와 고운 먼지, 크고 작은 충돌구

태양

잘하고 있어요! 행성들, 잠깐!
방금 누가 내 궤도를 벗어난 것 같은데?

태양계의 중심이면서 모든 행성들의 직장 상사와도 같은 존재. 평소엔 "내 품 안에서 잘들 자라렴~" 하는 포근한 엄마 같지만, 기분이 나쁘면 바로 무섭게 돌변한다.

SUN

태양에 대해 말하자면

태양계의 한가운데에 자리하고 있습니다. 겉모습은 불타는 거대한 공처럼 보이지만, 사실은 뜨거운 기체로 이루어져 있지요. 태양이 특별한 점은 바로 스스로 빛과 열을 낸다는 것이에요.
그 빛과 열 덕분에 지구에는 낮과 밤이 생기고, 따뜻한 온기가 퍼져 생명이 살 수 있지요. 태양의 표면은 매우 뜨거워 불꽃처럼 일렁이며, 때때로 강한 폭발이 일어나기도 해요. 태양은 우리에게 빛과 에너지를 주는 태양계의 중심이자 생명의 근원이랍니다.

- **나이** 45~46억 살
- **표면** 뜨거운 가스와 타오르는 불덩이, 흑점, 불꽃처럼 터지는 플레어와 홍염

수성

태양님, 오늘 피부 최고예요~ 이히힛!

태양에 가장 가까워 늘 태양풍을 맞는 자칭 핫뷰티 인플루언서. 작고 귀엽지만 절대 꺾이지 않는 불사조이자, 뛰어난 미적 감각의 소유자로 태양 주위에서 늘 불타고 있다.

MERCURY
수성에 대해 말하자면

태양을 도는 여덟 행성들 가운데 태양과 가장 가까운 첫 번째 자리에 있습니다. 겉모습은 회색빛 바위로 이루어진 작고 둥근 행성이며, 표면에는 크고 작은 운석 구덩이(충돌구)가 가득해요.
수성이 특별한 점은 태양과 가장 가까워 낮에는 매우 뜨겁고, 밤에는 매우 춥다는 거예요. 대기가 거의 없어 열이 바로 빠져나가고, 하늘에는 구름도 없어요. 자전 속도는 느리지만, 태양 주위를 도는 공전 속도는 태양계에서 가장 빠릅니다. 지구에서는 새벽이나 해질 무렵, 아주 짧은 시간 동안 반짝이는 모습을 볼 수 있답니다.

나이 45~46억 살

표면 작은 돌멩이와 고운 먼지,
크고 작은 충돌구,
거친 회색 땅

※ 수성은 실제로 회색이지만, NASA가 관측할 때는 수성을 더 잘 보여 주려고 주황색으로 색을 바꾸기도 했어요. 코스모스웹에서는 수성 캐릭터를 구별하기 쉽게 주황색으로 표현했습니다.

금성

난 특별하니까~!

태양계의 두 번째 행성이지만, 존재감은 항상 1순위.
유일하게 거꾸로 뒤집혀 자전을 하며, 자신의 방향에 확신이 넘치고
언제나 당당하다. 뜨거운 열정과 넘치는 자존감을 지녔다.

VENUS

금성에 대해 말하자면

태양을 도는 행성들 가운데 두 번째에 자리하고 있습니다. 노란빛을 띠며, 두꺼운 구름으로 완전히 덮여 있어서 표면을 직접 볼 수 없어요.

금성이 특별한 점은 크기와 모양이 지구와 가장 비슷하지만, 환경은 전혀 다르다는 거예요. 대기에는 이산화 탄소가 가득하고, 뜨거운 황산 비가 내리기도 합니다. 태양 빛이 두꺼운 구름층에 갇혀 빠져나가지 못해 온실 효과가 일어나고, 표면 온도는 수성보다도 훨씬 뜨거워요. 하지만 두꺼운 구름 덕분에 태양 빛을 강하게 반사하여 밤하늘에서는 가장 밝게 빛나는 행성이랍니다.

나이 45~46억 살

표면 이산화 탄소 대기, 황산 구름, 평평한 용암 평원, 화산과 산맥

화썽

시끄러워 죽겠네! 또 너냐, 지구!

사소한 일에도 불쑥 불꽃이 튀는 예민 폭탄형.
장난과 놀림을 밥 먹듯 하는 우주 장꾸지만, 짜증이 폭발하는 순간엔
화산급 파워로 주변을 태워 버린다. 늘 화가 나 있다.

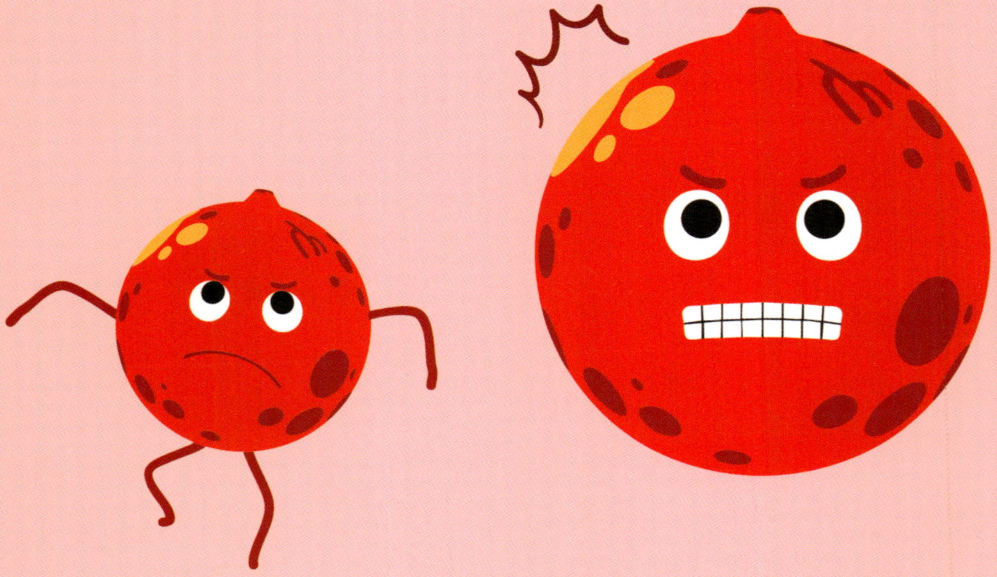

MARS

화성에 대해 말하자면

태양을 도는 행성들 가운데 네 번째에 자리하고 있습니다. 겉모습은 붉은빛을 띠며, 표면이 먼지와 바위로 덮인 차가운 사막 행성이에요.

화성이 특별한 점은 바로 지구와 가장 닮았다는 것이에요. 강이 흐른 흔적과 얼음이 남아 있어, 과거에 물이 있었을 가능성이 크지요. 대기는 매우 얇고 대부분 이산화 탄소로 이루어져 있어서 숨을 쉴 수는 없지만, 낮과 밤, 계절의 변화가 존재하며 거대한 화산과 깊은 협곡이 있어요. 그래서 언젠가 인간이 정착할 수도 있을 것이라 꿈꾸고 있답니다.

나이 45~46억 살

표면 붉은 먼지와 바위, 거대한 화산과 깊은 협곡, 충돌구

목성

나랑 피구하고 놀자! 어라, 왜 다들 도망가?

늘 순진하게 웃고 다니지만, 덩치와 힘은 태양계 최강 행성.
몸이 작은 행성들을 지켜 주지만, 가끔은 힘 조절에 실패해
본의 아니게 큰 혼란을 일으키곤 한다.

JUPITER

목성에 대해 말하자면

태양을 도는 행성들 가운데 다섯 번째에 자리하고 있습니다. 가장 크고 거대한 행성이에요. 겉모습은 주황빛과 갈색 줄무늬가 어우러진 구름으로 덮여 있고, 표면 아래에는 딱딱한 땅이 아닌 두꺼운 가스층이 있지요.

거대한 폭풍이 끊이지 않는다는 점이 특별한데, 수백 년 동안 존재하는 붉은 점 모양의 소용돌이 폭풍 '대적점'은 목성의 상징이랍니다. 강한 중력으로 수많은 위성과 소행성을 끌어당기기 때문에, 태양계에서 '행성들의 방패' 역할을 하며 지구를 위협한 혜성으로부터 지켜 주기도 해요.

- **나이** 45~46억 살
- **표면** 두꺼운 구름층과 기체, 붉은 점과 줄무늬 무늬, 단단한 땅이 없는 가스 행성

토성

나 예쁘게 나왔어? 나니까 당연하지!

태양계에서 가장 화려하고 자기애 넘치는 행성.
스마트폰으로 셀카 찍는 걸 즐기며, 미모를 뽐낸다.
쾌활하고 다정한 성격으로 인기가 많다.

SATURN

토성에 대해 말하자면

태양을 도는 행성들 가운데 여섯 번째에 자리하고 있습니다. 겉모습은 옅은 노란빛을 띠며, 두꺼운 가스로 이루어진 커다란 구체이지요. 특별히 아름다운 고리를 가지고 있는데, 수없이 많은 얼음과 돌조각 입자들이 빠른 속도로 토성 주위를 돌고 있어 고리처럼 보이는 것이랍니다.

토성의 대기에는 강한 바람과 폭풍이 끊이지 않아, 구름 무늬가 줄무늬처럼 보이기도 해요. 은은한 색과 반짝이는 고리 덕분에 토성은 태양계에서 가장 아름답고 신비로운 행성으로 불린답니다.

나이 45~46억 살

표면 두꺼운 가스층과 구름,
옅은 노란빛 줄무늬,
강한 바람과 폭풍,
단단한 땅이 없는 가스 행성

천왕성

푸른빛 비트 타고, 삐딱하게~!

자기만의 리듬, 자기만의 스텝, 자기만의 꿈을 가진 우주 힙합 유망주. 늘 삐딱하게 회전 중이지만, 그 안의 열정은 그 무엇보다 앞으로 전진 중이다.

URANUS

천왕성에 대해 말하자면

태양을 도는 행성들 가운데 일곱 번째에 자리하고 있습니다. 겉모습은 옅은 푸른빛을 띠며, 얼음과 가스로 이루어진 차가운 행성이지요. 천왕성이 특별한 점은 바로 옆으로 누워서 돈다는 것이에요. 다른 행성들과 달리 축이 옆으로 기울어져 있어서 태양 주위를 도는 동안 반쪽은 오랫동안 햇빛을 받고, 다른 반쪽은 긴 밤이 이어지지요. 태양에서 멀리 떨어져 있어 햇빛이 희미하고, 표면 온도는 매우 낮아요.
천왕성은 태양계에서 가장 독특한 자세로 도는 재미있는 행성이랍니다.

나이 45~46억 살

표면 푸른빛을 띤 얼음과 가스,
메탄이 포함된 대기,
옆으로 기울어진 회전축

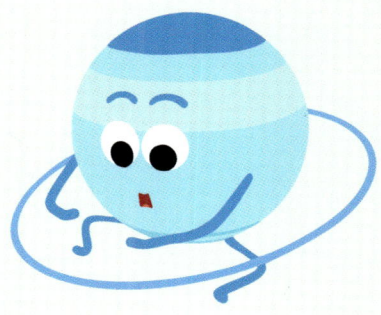

해왕성

에취! 어? 내가 방금 무슨 얘기 했더라?

늘 콧물을 훌쩍이며 태연하게 말실수를 연발하는 허당.
태양계 제일 끝에 있기 때문에 추워서 콧물이 마를 틈이 없지만,
마음은 제일 따뜻하다.

NEPTUNE

해왕성에 대해 말하자면

태양을 도는 행성들 가운데 여덟 번째, 가장 바깥쪽에 자리하고 있습니다. 겉모습은 짙은 푸른빛을 띠는데, 대기에 메탄가스가 많기 때문이에요. 또한 태양에서 가장 멀리 떨어져 있어서 한 계절이 바뀌는 데 40여 년이나 걸려요. 그때마다 곳곳에서 거대한 폭풍이 일고 강한 바람이 끊이지 않는 차가운 행성이지요.

해왕성 주위에는 여러 개의 얇은 고리가 둘러져 있는데, 태양 빛을 거의 반사하지 않기 때문에 어둡고 희미하게 보인답니다.

- **나이** 45~46억 살
- **표면** 짙은 푸른빛의 대기, 거대한 폭풍과 강한 바람, 메탄이 포함된 차가운 기체 층, 단단한 땅이 없는 얼음 가스 행성.

COSMO SWAG

지구의 자전

지구의 자전 속도

약 **1,674** km/h

사람이 달릴 때의 속도는 보통 1시간에 8km에서 13km 정도야. 세계에서 가장 빠른 육상 선수 우사인 볼트가 최고 속력으로 1시간 내내 뛸 수 있다면, 44km를 갈 수 있지.

놀라운 건 지구의 자전 속도는 이보다 37배나 빠르단 사실! 소리가 1시간에 1,235km 퍼지는 속도보다 빨라.

이렇게 빨리 도는데, 지구에 살고 있는 우리들은 왜 못 느끼냐고? 그건 지구를 포함해 모든 것이 같은 속도로 움직이기 때문이야.

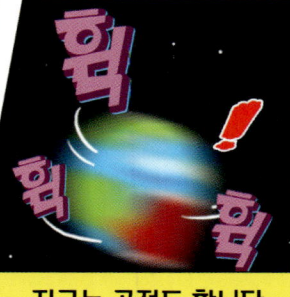

지구는 공전도 합니다.

태양 주위를 1년에 한 바퀴씩 빙글빙글 돌고 있지요.

지구의 공전 속도

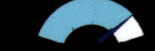

약 **107,200** km/h

태양과 다른 행성들도 가만히 있지 않고, 우리 은하 안에서 빙글빙글 돌고 있어요. 그때 속도는 1시간에 약 82만 8천km! 역시 빠르죠?

태양의 공전 속도

약 **828,000** km/h

암석형·가스형 행성

COSMO SWAG

행성들의 자전축

벌컥

URANUS   VENUS

천왕성

금성

!

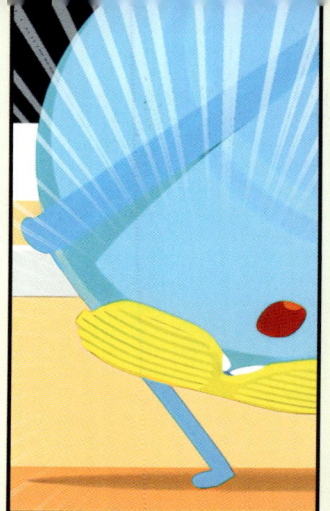

천왕성은 자전축이 98° 기울어져 가로로 자전을 합니다.

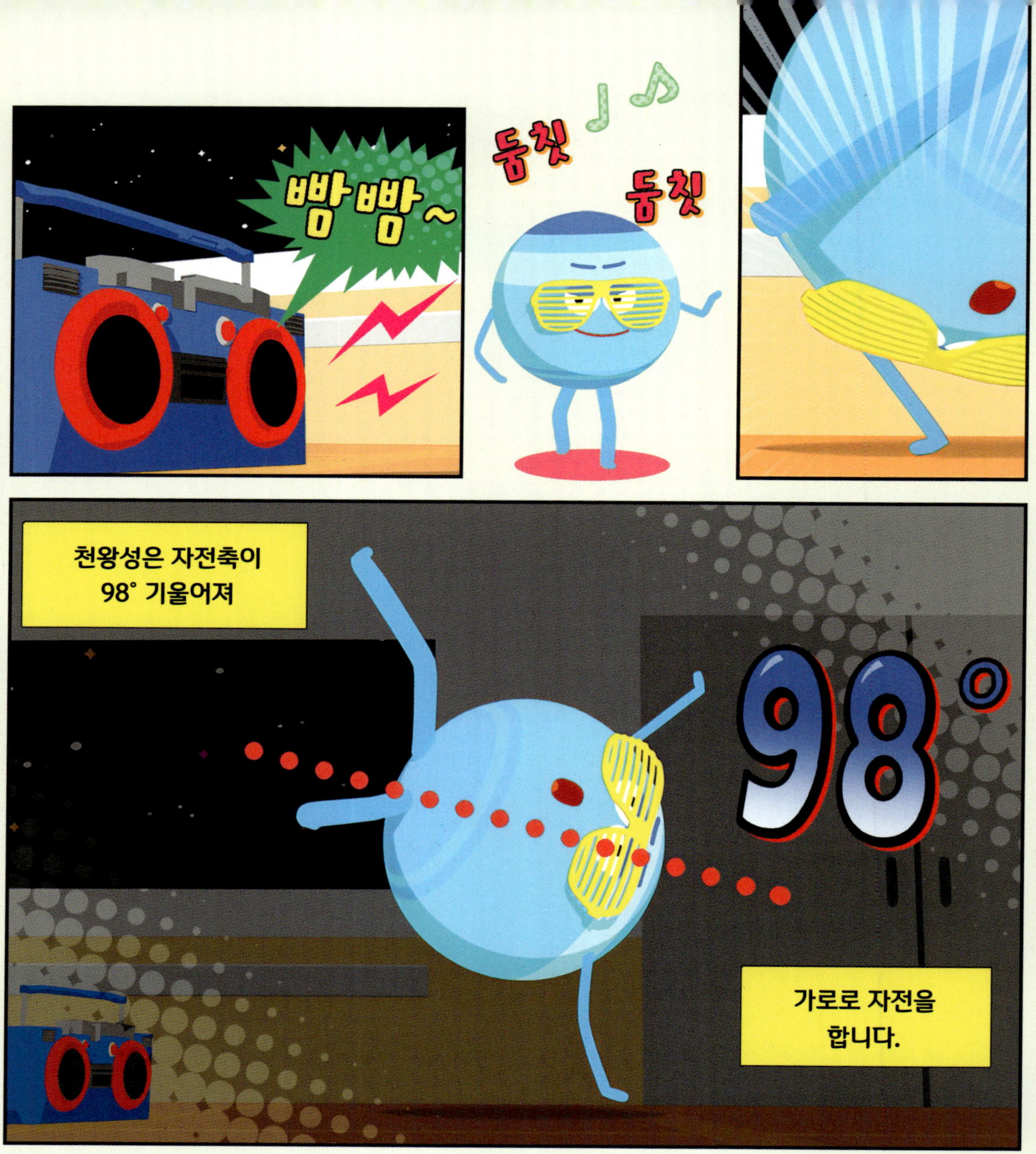

COSMO SWAG

차등 회전

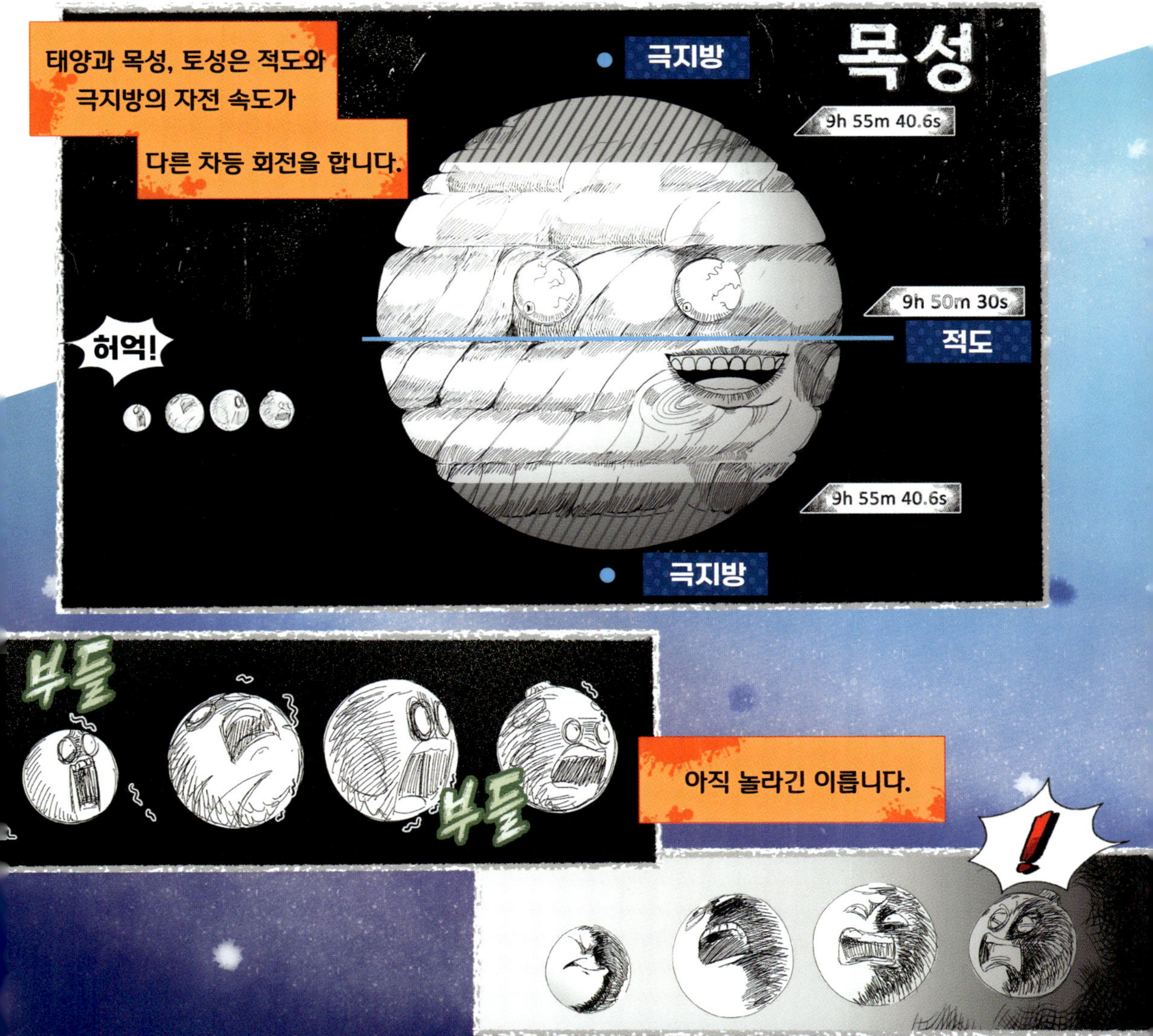

태양과 목성, 토성은 적도와 극지방의 자전 속도가 다른 차등 회전을 합니다.

목성

극지방 — 9h 55m 40.6s

적도 — 9h 50m 30s

극지방 — 9h 55m 40.6s

허억!

부들 부들

아직 놀라긴 이릅니다.

태양은 차이가 더 심하니까요.

적도의 자전 주기가 약 25.6일이지만,

극에서는 자전 주기가 약 33.5일로

약 8일 정도 차이가 납니다.

토성의 경우, 적도의 자전 주기는 약 10시간 14분,

극지방의 자전 주기는 약 10시간 40분이죠.

지지지직

 교과 연계 **6-1** | 4. 지구의 운동 | 지구의 자전과 공전

지구는 지금도 자전 중

우리가 살고 있는 지구는 움직여요. 스스로 하루에 한 바퀴씩 시계 반대 방향(서쪽→동쪽)으로 도는데, 이것을 자전이라고 합니다. 그런데 우리는 왜 전혀 느끼지 못할까요?

우리가 지구에 딱 붙어 살고 있어서 지구와 함께 움직이고 있기 때문에, 그 속도를 느끼지 못하는 거예요. 횡단보도에 서서 신호를 기다리다 보면 차가 빠르게 지나가는 걸 느낄 수 있어요. 만약 내가 달리는 자동차 안에 타고 있다면요? 자동차는 빠른 속도로 움직이고 있지만, 나는 숨이 차지도 않고, 자동차의 속도를 느낄 수 없지요. 마치 우리가 지구라는 큰 자동차를 타고 있는 것처럼요. 그래서 지구의 움직임을 느낄 수 없어요.

그런데 여기서 더 놀라운 사실은 지구의 자전 속도예요. 보통 고속도로에서 자동차가 아주 빠르게 달리는 속도가 시속 100km인데요. 지구의 자전 속도는 이것보다 빠를까요?

네, 엄청나게 빠르답니다!

지구의 자전 속도는 고속도로의 자동차보다 약 16배나 빠른 시속 1,667km라고 해요. 고속철도 KTX의 최고 속도인 시속 305km보다도 약 5배 이상 빠르며, 비행기(평균 속도 시속 800~1,000km)보다도 약 2배 정도 빨라요. 지구의 자전 속도로 서울에서 부산까지 간다면 10분 만에 갈 수 있을 정도이지요.

거대한 우주 공간, 태양계

이제 조금 더 멀리 우주로 나가서 생각해 볼까요?

우주는 지구와 다르게 공기가 없어 숨을 쉴 수가 없어요. 우주로 간 과학자들은 산소통을 메고 우주복을 입고 다닌답니다. 우주 과학자들은 지구를 벗어나 마주한 공간에서, 강렬한 열을 내며 가장 빛나는 큰 별을 보게 돼요. 사실 이 별은 지구에서도 볼 수 있는 태양이지요. 천문학에서는 우주 공간에서 스스로 빛을 내는 태양 같은 천체를 '별' 또는 '항성'이라고 불러요. 태양계에서는 '별'이 딱 하나에요. 바로 태양이랍니다.

사람들은 우주를 연구하면서 위치를 구분하기 위해 이름을 붙였어요. 스스로 빛을 내는 태양과 그 주위의 행성, 위성, 소행성, 혜성을 포함해 천체가 있을 수 있는 거대한 우주 공간 전체를 '태양계(Solar System)'라고 불러요. 이름에서도 알 수 있듯이 그 중심에는 어마어마하게 큰 태양이 있고, 지구처럼 태양 주변에서 원을 그리며 일정하게 움직이는 운동인 공전을 하는 천체를 행성이라고 해요. 수성, 금성, 지구, 화성, 목성, 토성, 천왕성, 해왕성까지 8개의 행성이 있어요.

※ 이 그림에서 표현된 것과 실제 행성의 크기 차이와 거리는 다릅니다.

 교과 연계 **4-2** | 1. 밤하늘 관찰 | 태양계 행성

움직이는 행성들

지구가 자전하는 것처럼 다른 행성들도 자전을 해요. 팽이가 도는 것처럼 하나의 축을 중심으로 회전 운동을 하는데, 행성마다 축의 방향 · 기울기 · 회전 속도가 달라요.
지구는 하루에 한 바퀴, 약 23.5° 기울어져 돌아요. ★
대체로 행성들은 마치 한 다리를 축으로 빙글 도는 발레리나처럼 세로로 자전을 합니다.

천왕성은 자전축이 약 98° 기울어져 있어 비보잉 댄서들처럼 가로로 자전을 해요.
금성은 자전축이 약 177° 기울어져 있어, 헤드스핀을 하는 것처럼 거꾸로 자전을 해요.

수성
0.03°
58일 16시간

금성
177.4°
243일 26분

지구
23.4°
23시간 56분

화성
25.2°
24시간 36분

목성
3.1°
9시간 55분

토성
26.7°
10시간 33분

천왕성
97.8°
17시간 14분

해왕성
28.3°
16시간

토성은 지금도 변신 중

행성들의 자전 속도는 어떨까요?
행성은 수성, 금성, 지구, 화성처럼 딱딱한 땅으로 이루어진 암석형 행성과 목성, 토성, 천왕성, 해왕성처럼 기체로 만들어진 가스형 행성이 있어요. 암석형 행성보다 덩치가 큰 가스형 행성들이 한 바퀴 도는 데 걸리는 시간인 자전 주기가 짧아 자전 속도가 빠른 편이에요.

이중 가장 빠르게 자전하는 목성과 토성은 딱딱한 땅이 아닌 가스로 되어 있기 때문에 극지방과 적도 지방의 자전 속도가 달라지는 차등 회전을 합니다. 쉽게 말하면, 행성의 얼굴이 시간이 지남에 따라 눈, 코, 입의 위치가 달라져 괴물처럼 보이는 기괴한 현상이 일어나지요. 행성뿐 아니라 태양도 자전을 하는데, 태양은 '플라스마'라는 뜨거운 가스로만 이루어져 있어 차등 회전을 하며 그 차이가 더 심하답니다.

COSMO SWAG

SCIENCE 05

화성 이주 계획

하지만 실제로 화성에 사람을 보내고

ZOOM IN

살 수 있도록 지원할 수 있는 기술이 준비되지 않았어요.

자본금 또한 턱없이 부족했지요.

슝~~~~~~~~~

철컥

HUMAN

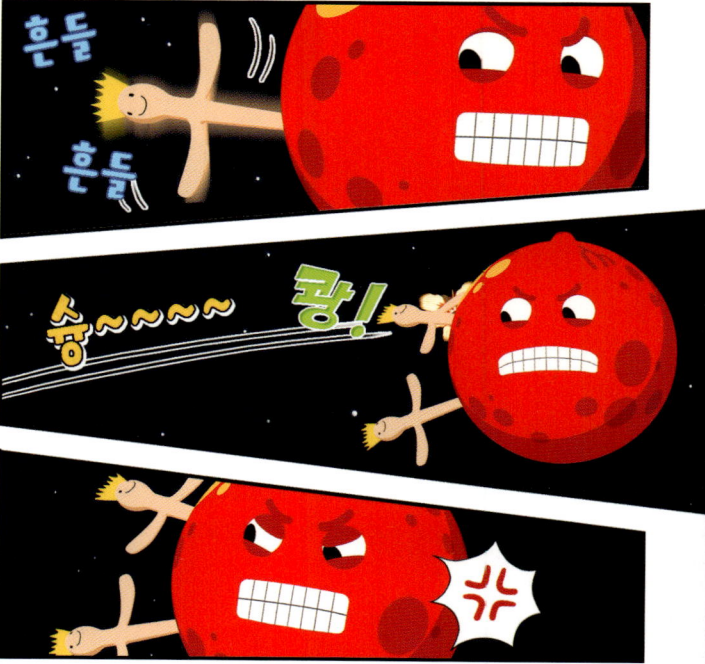

〈스페이스X〉는 사람과 식량 등을 화성으로 보내기 위한 초대형 재사용 로켓을 개발하고 있으며 시험 발사를 통해 성과를 내고 있지요.

뭐지?

과연 화성에 도시를 건설하여 인류가 지구 외 행성에서도 살 수 있는 날이 올까요?

BOOM!

COSMO SWAG

SCIENCE 06

골디락스 존

 교과 연계 **4-2** | 1. 밤하늘 관찰 | 태양계 행성

생명체가 살 수 있는 곳

태양계에서 지구처럼 생명체가 살고 있는 곳이 있을까요?

먼저 생명이 살려면 무엇이 필요할까요? 무엇보다 공기와 물, 그리고 적당한 온도와 먹이가 필요합니다. 너무 뜨거운 사막이나 아주 추운 남극, 북극에서 식물이 잘 자라지 못하는 것을 생각해 보면, 생물이 자라는 데 온도가 아주 중요하다는 것을 알 수 있어요.

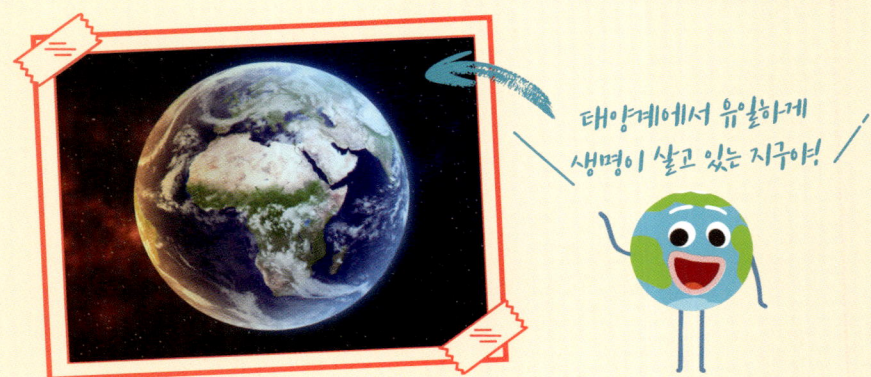

태양계에서 유일하게 생명이 살고 있는 지구야!

표면 온도가 6,000℃가 넘는 태양의 온도를 생각해 보면 태양 가까이에 있는 행성들은 매우 뜨거울 거예요. 반대로 멀리 떨어져 있는 행성들은 아주 춥겠지요. 우리가 추운 겨울에 난로 가까이에 가면 뜨겁고, 그렇다고 너무 멀어지면 추워지는 것처럼요.
태양과 너무 가깝지도 멀지도 않은 적당한 거리에 있어 뜨겁지도 차갑지도 않아 물이 흐를 수 있는, 생명이 잘 살 수 있는 영역이 '골디락스 존'입니다.

제2의 지구, 화성?

바로 이 골디락스 존에 위치한 행성이 지구랍니다. 그래서 사람뿐 아니라 많은 생명체가 지구에 살 수 있어요. 사람들은 아주 오랜 시간 동안 지구의 많은 자원을 사용해 왔어요. 때문에 미래에는 우리가 살아가는 데 꼭 필요한 것들이 점점 부족해질 수도 있어요. 게다가 환경 오염이 심해지고, 기후 변화나 화산 폭발, 소행성 충돌 같은 일들로 지구에서 살기 힘들어질지도 모르죠. 그래서 사람들은 지구 밖의 행성이나 위성을 지구와 같은 곳으로 만들 수 있을까 생각하기 시작했어요.

이것을 '테라포밍'이라고 하는데, 우주 공간에 새로운 지구를 만드는 것이에요. **가장 유력한 후보는 지구와 가장 많이 닮아 '제2의 지구'라고 불리는 화성이에요.**

화성이 지구처럼 될 수 있을까?

교과 연계 **4-2** | 1. 밤하늘 관찰 | 태양계 행성

화성에서 살기?

화성을 지구처럼 만드는 데 가장 중요한 건 무엇일까요?
생명이 사는 데 가장 중요한 것은 바로 따뜻한 온도예요. 그래서 이불처럼 따뜻하게 해 주는 두터운 대기층을 만들고, 식물을 심어 지구처럼 만드는 생각을 했어요.
화성은 지구의 절반 정도 크기이지만, 행성을 모두 덮으려면 아주 큰 비닐하우스를 만들어야 해요. 그래서 작은 캡슐 형태의 집을 여러 채 짓는 방법을 생각했어요.
하지만 대기가 없는 우주 공간에서는 쉬운 일이 아니겠지요?
그래도 불가능에 도전하는 사람들이 있어요.

2012년에 네덜란드의 비영리 단체 '마스원(Mars One)'에서 화성을 테라포밍하려는 프로젝트를 만들었어요. 사람들을 선발해 화성으로 떠나 정착하는 '화성 이주 프로젝트'였지요. 화성으로 떠나면 다시는 지구에 돌아오지 못함에도 불구하고, 140여 개 국가에서 20만여 명이 지원했어요. 하지만 지구에서 화성으로 가는 우주선을 만드는 데 들어가는 비용을 감당하기 어려워, 결국 2019년에 중단되고 말았지요.

화성에서 살게 될 캡슐 형태의 집이야!

도전은 계속된다

2019년, 미국의 <스페이스X> 회사 대표 일론 머스크는 2050년에는 수백 명을 태울 수 있는 우주선 '스타십(Starship)'을 만들어 화성에 가겠다고 발표했어요. 2025년 10번, 11번째 무인 지구 궤도 시험 비행에 성공했지만, 아직은 화성 근처에도 가질 못했어요.

화성에 가는 게 왜 이렇게 어려울까요?

지구에서 화성까지 거리는 가장 가까울 때 약 5,600만km로, 현재 가장 빠른 우주선으로도 7개월이 걸려요. 만약 우리가 자동차를 타고 시속 100km로, 쉬지 않고 달린다면 약 63년이 걸릴 정도로 아주 먼 곳이에요. 여러 가지 문제를 해결하기 위해 사람들은 또 다른 지구를 만들고 싶어 하지만, 지금의 지구를 더 이상 아프지 않게 아끼고 보호하는 게 더 빠른 해결책이 될 거예요.

미국의 <스페이스X>에서 개발한 우주선 '스타십(Starship)'

그래도 우주에 관심을 가지고 연구하는 사람들의 노력으로 우리 친구들이 어른이 되었을 때는 '화성으로 이사 간다'라는 말이 진짜로 생겨날지 몰라요. 그런 날이 오기를 기대하며 **우주 과학에 계속 관심을 가져 봅시다.**

COSMO SWAG

정열의 용사 금성

태양의 흑점 폭발

'수성의 뷰티 제안' 구독자 여러분, 안녕하세요~?

오늘은 정말 특별한 손님을 모셨는데요.

우리 태양계의 슈퍼스타!

글썩 글썩

태양 님을 모셨습니다~!

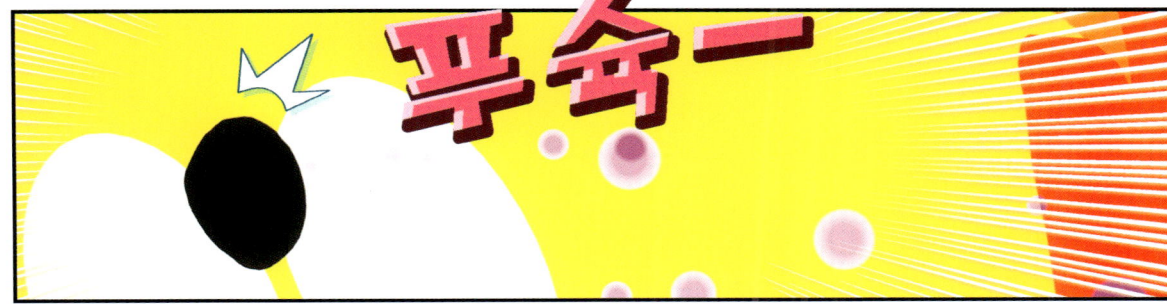

이야압!!

꾸욱

꾸우욱

쭈욱

화 드드드특

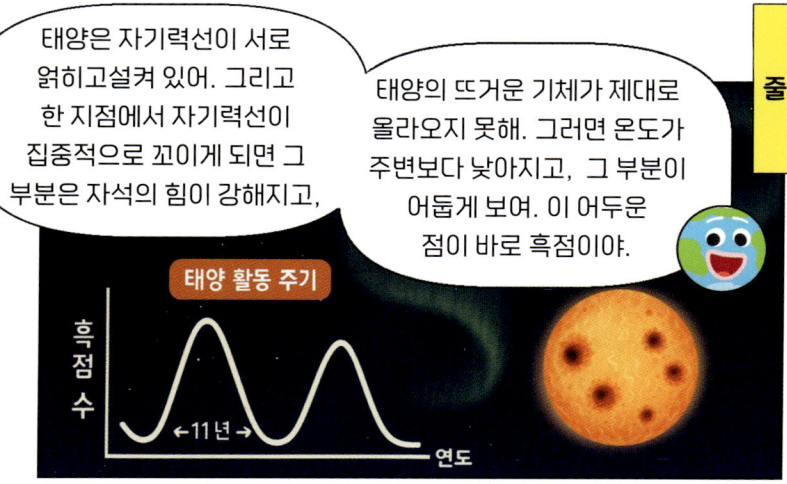

COSMO SWAG

태양계의 크기

천왕성과 해왕성은 모두 지구보다 4배 정도 크고,

토성은 지구의 9배 정도 됩니다.

그리고 태양계에서 가장 큰 행성인 목성은

우와!

지구의 11배 정도 크기입니다.

또한 태양계 행성들은 태양과 멀리 떨어져 있습니다.

1300년
수성에서 태양까지 걷는 시간

4시간 10분
태양 빛이 해왕성에 닿는 시간

빛은 1초에 지구를 일곱 바퀴 반이나 도는 엄청난 속도를 자랑해.

그런 빛이 해왕성까지 가는 데 4시간이나 걸린다는 건, 태양계가 얼마나 거대한 공간인지 보여 주는 증거가 돼.

자, 그럼 크기도 실제처럼 조정했으니 이제 생일 파티를 제대로 시작해 볼까요?

COSMO SWAG

SCIENCE 10

달의 뒷면

지구에서는 달의 뒷면을
볼 수 없습니다.

달은 지구 주위를 한 바퀴 도는 동안 정확히 달 스스로도 한 바퀴 자전하기 때문에

지구에서는 달의 뒷면을 볼 수 없는 것이지요.

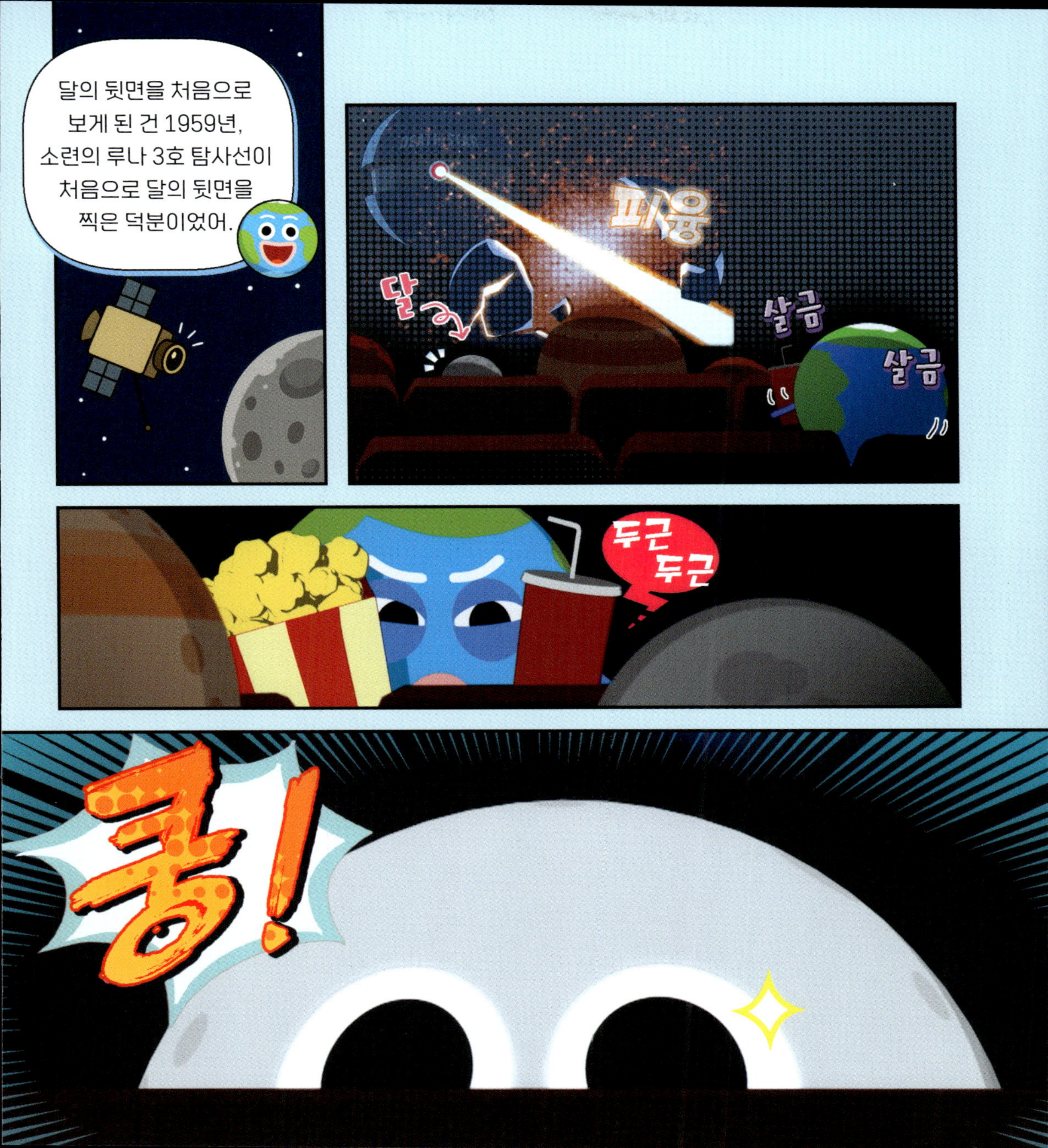

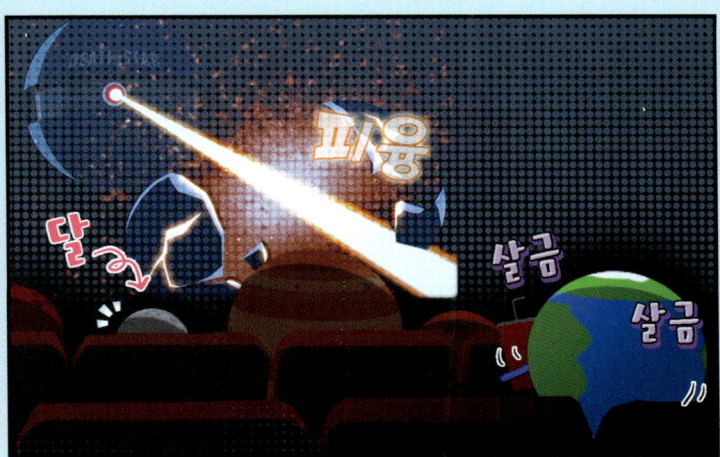

달의 기원

다른 행성에도 위성은 있지만, 달처럼 큰 위성을 가진 행성은 거의 없어요. 그래서 달은 지구에게 특별한 존재로 여겨집니다.

달 덕분에 지구의 자전축이 안정되어 사계절이 규칙적으로 유지된다는 점도 놀라운 사실이지요.

지구와 달이 하나의 몸에서 태어난 천체라는 것은 현재 가장 설득력 있는 달의 기원 가설이에요.

달의 기원에는 분리설, 포획설, 거대 충돌설이 있는데, 약 46억 년 전 화성 크기의 천체 테이아가 원시 지구와 충돌해 생긴 파편이 모여 달이 만들어졌다는 거대 충돌설이 가장 유력해요.

Fission Theory 분리설

어? 어디 가?

Capture Theory 포획설

이리 와, 나랑 놀자!

Giant Impact Theory 충돌설

앗!

아폴로 우주선이 가져온 달의 암석이 지구 암석과 거의 같은 성분이라는 점이 이 가설을 뒷받침하고 있어요.

물론 과학적 탐구가 계속되면서 새로운 이론이 나타날 수도 있습니다.

교과 연계 **4-2** | 1. 밤하늘 관찰 | 태양계 행성

태양계 틀린 그림 찾기

태양계를 그린 아래 그림을 볼까요? 행성의 크기와 거리가 잘못 그려졌어요.
그런데 많은 과학책에서 이렇게 그려진 것을 볼 수 있는데, 왜 그럴까요?

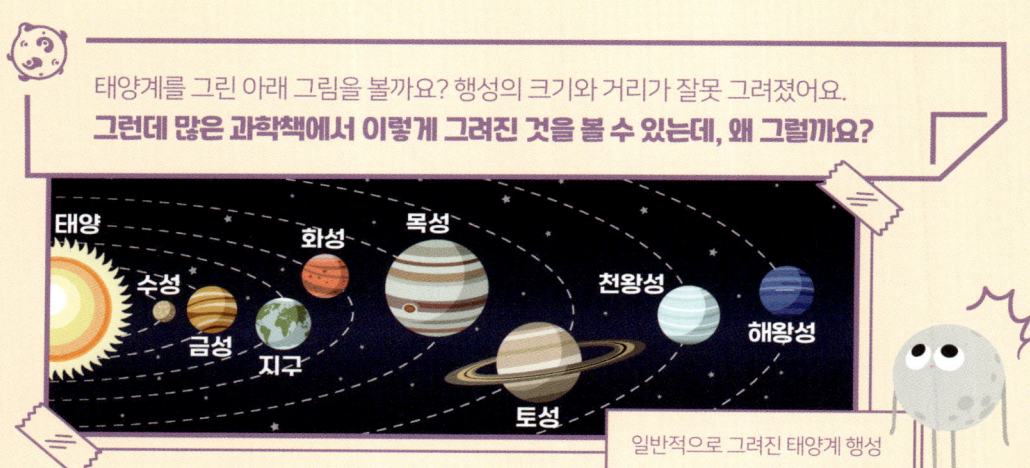

일반적으로 그려진 태양계 행성

실제 크기 차이를 반영해
그려진 태양계 행성
(실제 거리 차이는 반영하지 않음)

그 이유는 태양계에서 지구가 생각보다 작고, 다른 행성은 훨씬 크고, 또 행성들 사이 거리도 너무 멀기 때문이지요. 실제 크기와 거리 차이만큼 줄여서 그린다면 하나의 그림에 모든 행성을 다 넣을 수 없거든요.
지구의 크기를 기준으로 다른 행성의 크기를 생각해 봅시다. 지구를 반지름 1cm 정도의 왕구슬이라고 한다면,
목성과 토성은 농구공에 해당하고,
천왕성과 해왕성은 야구공 정도라고
생각할 수 있어요.

지구의 방패?

태양계 행성의 크기 차이를 반영한 그림을 보면 태양은 일부만 보여요.
실제 태양의 크기는 지구 반지름의 109배이고, 부피는 지구 130만 개가 들어갈 정도로 크기 때문이에요. 태양은 지구 33만 개를 합친 만큼 물체를 끌어당기는 힘도 태양계에서 가장 세요. 태양계에서 가장 뜨겁고, 유일하게 빛을 내는 '별'이기도 해요.

태양은 아주 높은 온도이기 때문에 수수와 헬륨 기체들이 '플라스마' 상태로 있어요. 플라스마는 찌릿찌릿 전기와 자석의 힘을 가진 아주 작은 알갱이들이에요. 핵에서 작은 알갱이들끼리 부딪혀 합쳐지기도 하고 떨어져나오는 과정에서 만들어진 빛이 태양 바깥으로 나와 우주 공간을 밝게 비추게 됩니다. 태양은 아주 복잡한 자기장을 가지고 있어 자기력선이 서로 꼬여 있어요. 우주의 여드름이라고 불리는 '흑점'에서는 강력한 자기장이 모여 어느 순간 폭발하며 엄청난 에너지를 내뿜어요. 또한 태양의 가장 바깥 대기인 코로나에서는 끊임없이 플라스마 상태의 많은 알갱이들이 바람처럼 뿜어져 나오는 '태양풍'이 생기지요. 태양풍이 불면 전기로 움직이는 모든 것이 고장나거나 생명체들은 강한 방사능에 피해를 입어요. 우리 지구가 태양풍과 흑점의 엄청난 에너지에도 안전한 이유는 '지구 자기장'이라는 보호막이 있기 때문이에요.

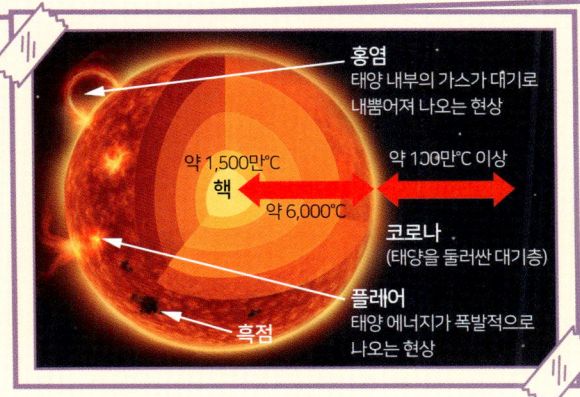

 교과 연계 **6-1** | 4.지구의 운동 | 지구의 자전과 공전

지구 탄생의 비밀?

지구가 태양을 중심으로 원 모양을 그리며 움직이는 것처럼
태양이 아닌, 지구와 같은 행성 주위를 공전하는 것을 '위성'이라고 해요.
그리고 지구의 위성은 달이지요. 그럼 달은 어떻게 만들어졌을까요?
약 46억 년 전, 태양계가 만들어질 때 우주 공간을 떠돌던 물체들이 서로 뭉쳐져서
지금처럼 지구와 달로 자리를 잡았다는 '분리설'이 있어요.
또 지구와 같은 행성들이 태양 주위에 먼저 자리를 잡았고,
지구 주위를 떠돌던 작은 달을 지구가 붙잡았다는 '포획설'이 있어요.

마지막으로 많은 과학자들이 믿고 있는 '거대 충돌설'이 있어요. 태양계가 처음 만들어질 때
우주는 불안하고 폭발과 충돌이 아주 많았다고 해요. 지구가 먼저 만들어지고,
지구의 반 정도 크기의 천체가 지구와 크게 부딪혔어요. 그때 작은 천체는 완전히 깨져
산산조각이 났고, 지구는 반 이상이 깨져 버렸어요. 깨진 조각들 중 지구 가까이 있던 것들은
지구의 끌어당기는 힘(중력)에 의해 지금의 지구로 뭉쳐졌고, 멀리 떨어진 조각들이
달이 되었다고 해요. 어때요? **여러분은 어떤 이야기가 가장 그럴듯해 보이나요?**

지구의 깨진 조각들이 달이 되었다는 거대 충돌설이야!

한쪽 면만 보여 주는 달

지구와 달에 대한 재미있는 사실 하나 알려 줄까요? 그건 지구에서는 달의 한쪽 면만 볼 수 있다는 거예요. 언제, 어느 위치에 있더라도 달의 한쪽 면만 지구를 향한다는 뜻이지요. 지구를 바라보는 면을 '달의 앞면'이라고 불러요. 지구에서는 달의 뒷면을 볼 수 없어요. 두 사람이 서로 마주 보고 있으면 얼굴만 보고 뒤통수를 볼 수 없는 것처럼요.

지구 주위를 공전하며 같은 모습만 보여 주는 달

달의 공전 27.3일

달의 자전 27.3일

달이 움직이지 않고 가만히 있어서일까요? 그렇지 않아요. 달도 지구처럼 스스로 한 바퀴 도는 자전을 하며 움직여요. 그럼 달이 한 바퀴 돌 때 다른 면을 볼 수 있을 것 같지요?
그런데 달은 자전하면서 지구 주위를 공전해요. 이때 달의 공전하는 시간과 자전하는 시간이 약 한 달(27.3일)로 같기 때문에, 우리는 달의 앞면만 보게 된답니다.
달이 지구 주위를 돌면서 지구의 강한 힘(중력)에 꽉 잡혀 몸을 아주 천천히 조금씩 돌리며 움직이는 거예요.

\웃기는 우주 과학/
COSMO SWAG ①
코스모스웩

1판 1쇄 인쇄 2025년 11월 17일　　1판 1쇄 발행 2025년 11월 27일

원작 코스모스웩　　**콘텐츠&감수** 김양숙　　**구성&삽화** 김란희

발행인 심정섭　　**본부장** 문영　　**콘텐츠3팀 팀장** 이은정　　**편집** 이영

디자인 박성진　　**제작** 이수행, 정승헌　　**홍보마케팅** 황혜선　　**출판마케팅** 홍성현, 신재철　　**인쇄처** 에스엠그린

발행처 서울문화사　　**등록일** 1988년 2월 16일　　**등록번호** 1제2-484

전화 02-799-9147(편집), 02-791-0708(판매)　　**주소** 서울특별시 용산구 새창로 221-19 (04376)

ISBN 979-11-7371-761-1, 979-11-7371-760-4(세트)

© Bean studios All rights reserved.